Table des matières :

Pour ou contre le nucléaire

Un Regard Objectif sur les Arguments en Faveur et Contre

Par

Jordan Garcia Lopez

I. Introduction

A. Contextualisation du débat sur l'énergie nucléaire

Le débat autour de l'énergie nucléaire est profondément enraciné dans les préoccupations modernes liées à notre approvisionnement énergétique et à la réduction des émissions de gaz à effet de serre. Depuis la découverte des applications potentielles de l'énergie nucléaire dans les années 1950, cette source de pouvoir suscite des discussions passionnées et souvent polarisées.

La montée en puissance des enjeux climatiques a ravivé l'intérêt pour le nucléaire en tant que solution à faible émission de carbone. Cependant, les inquiétudes persistantes concernant la sécurité, les déchets radioactifs et la prolifération nucléaire alimentent un dialogue complexe et nuancé. Comprendre cette technologie, ses principes fondamentaux et ses applications pratiques est crucial pour naviguer dans ce débat complexe.

B. Objectif du livre : présenter de manière impartiale les arguments pour et contre

Notre objectif est de fournir une perspective équilibrée sur le débat entourant l'énergie nucléaire. Sans préjuger des conclusions, nous examinerons les arguments en faveur et contre de manière approfondie. Avant d'explorer ces perspectives, il est essentiel de souligner que nous nous concentrerons exclusivement sur ces arguments, sans entreprendre une explication détaillée des bases du nucléaire.

Cette approche nous permettra de maintenir une impartialité totale tout en fournissant au lecteur les informations nécessaires pour évaluer les différentes facettes du débat.

II. Chapitre 1 : Les Arguments en Faveur du Nucléaire

A. L'efficacité énergétique

Le premier pilier des arguments en faveur de l'énergie nucléaire repose sur son efficacité incontestable.

1. <u>Production constante d'électricité</u>

Les centrales nucléaires sont reconnues pour leur capacité à générer de l'électricité de manière constante, offrant une source d'énergie stable et fiable. Contrairement aux énergies renouvelables, telles que l'éolien et le solaire, qui dépendent des conditions météorologiques, le nucléaire assure une production continue, indépendamment des variations climatiques. Cette constance dans la production électrique répond à la demande croissante en énergie de manière stable, contribuant à la stabilité des réseaux électriques.

2. <u>Faible impact sur les émissions de CO2</u>

Un autre avantage majeur de l'énergie nucléaire réside dans son faible impact sur les émissions de dioxyde de carbone (CO_2). Contrairement aux centrales thermiques à combustibles fossiles, telles que le charbon et le gaz, qui libèrent d'importantes quantités de CO_2 lors de la combustion, les centrales nucléaires n'émettent pas de gaz à effet de serre pendant leur fonctionnement normal. Cette caractéristique en fait une option attractive dans le contexte de la lutte contre le changement climatique, contribuant à réduire les émissions de CO_2 et à atteindre les objectifs environnementaux fixés à l'échelle mondiale.

Ce premier volet des arguments en faveur du nucléaire met en lumière ses avantages en termes d'efficacité énergétique, de stabilité de production et de contribution à la réduction des émissions de CO_2, autant d'éléments cruciaux dans le contexte des défis énergétiques et environnementaux actuels.

B. La sécurité énergétique

Un deuxième argument majeur en faveur de l'énergie nucléaire réside dans son rôle central pour assurer la sécurité énergétique.

1. Indépendance vis-à-vis des importations d'énergie

Les pays utilisant l'énergie nucléaire bénéficient d'une indépendance accrue vis-à-vis des fluctuations du marché mondial de l'énergie. Contrairement aux sources d'énergie dépendantes des importations de combustibles fossiles, tels que le pétrole et le gaz, les pays dotés de centrales nucléaires ont la capacité de produire une part significative de leur électricité de manière autonome. Cette autonomie réduit la vulnérabilité aux perturbations géopolitiques et aux variations des prix sur les marchés internationaux de l'énergie, renforçant ainsi la stabilité économique des nations utilisant cette technologie.

2. <u>Stabilité de l'approvisionnement</u>

Les centrales nucléaires offrent une stabilité d'approvisionnement en électricité grâce à leur capacité à fonctionner de manière continue pendant de longues périodes. Contrairement aux énergies renouvelables intermittentes, qui dépendent des conditions météorologiques, le nucléaire fournit une source d'énergie stable, limitant les risques de pénuries énergétiques. Cette stabilité contribue à répondre à la demande croissante d'électricité, garantissant une disponibilité constante sans les variations souvent associées à d'autres sources d'énergie.

En mettant en avant la sécurité énergétique, l'énergie nucléaire offre une réponse à la nécessité croissante de garantir un approvisionnement électrique stable, indépendant des fluctuations externes. Cette caractéristique en fait un acteur clé dans le maintien de la sécurité et de la stabilité énergétiques des nations qui choisissent cette voie.

C. L'innovation technologique

Le troisième pilier des arguments en faveur de l'énergie nucléaire repose sur sa capacité à stimuler l'innovation technologique.

1. <u>Avancées en matière de réacteurs nucléaires</u>

L'énergie nucléaire bénéficie d'un terrain propice à l'innovation, avec des progrès continus dans le domaine des réacteurs nucléaires. Des recherches sont menées pour développer des réacteurs de nouvelle génération, qui visent à améliorer l'efficacité, la sûreté et la gestion des déchets. Ces avancées technologiques ouvrent la voie à des solutions plus durables et plus performantes, élargissant ainsi le champ des possibilités offert par l'énergie nucléaire.

2. <u>Perspectives d'amélioration continue</u>

La nature même de la recherche nucléaire favorise une amélioration continue des technologies existantes. Des investissements significatifs sont dirigés vers la mise au point de réacteurs plus sûrs et plus efficaces, ainsi que vers des méthodes de gestion des déchets plus innovantes. Ces perspectives d'amélioration continue positionnent l'énergie nucléaire comme une option dynamique, capable de s'adapter aux défis émergents et de rester à la pointe de l'innovation technologique.

En mettant en avant l'innovation technologique, l'énergie nucléaire se présente comme une force motrice du progrès scientifique et technique. Les avancées constantes dans le domaine des réacteurs nucléaires ouvrent la voie à une utilisation plus sûre, plus efficace et plus durable de cette source d'énergie, consolidant ainsi son rôle dans le paysage énergétique mondial.

III. Chapitre 2 : Les Arguments Contre le Nucléaire

A. Les risques liés aux accidents nucléaires

Le deuxième volet de notre exploration examine les arguments contre l'énergie nucléaire, mettant en lumière les préoccupations majeures liées aux risques d'accidents.

1. Tchernobyl et Fukushima : retours d'expérience

Les catastrophes nucléaires de Tchernobyl et Fukushima demeurent des points de référence cruciaux dans le débat sur les risques associés à l'énergie nucléaire. Tchernobyl, en 1986, a démontré les conséquences dévastatrices d'une défaillance majeure du réacteur, tandis que l'accident de Fukushima en 2011 a mis en évidence les défis persistants liés à la sécurité des installations nucléaires, en particulier face à des événements naturels extrêmes. Ces tragédies ont exacerbé les inquiétudes quant à la sûreté des centrales nucléaires et ont eu un impact durable sur la perception publique de cette source d'énergie.

2. Gestion des déchets radioactifs

Un autre point central des arguments contre l'énergie nucléaire réside dans la gestion des déchets radioactifs. Les déchets nucléaires, générés tout au long du cycle de vie des centrales, présentent des défis considérables en termes de stockage à long terme et de protection de l'environnement. Les questions entourant la sûreté des sites d'enfouissement et les préoccupations quant à la persistance à long terme de la radioactivité suscitent des débats approfondis sur la viabilité et l'éthique de cette méthode de gestion des déchets.

En abordant les risques liés aux accidents nucléaires, ainsi que les défis inhérents à la gestion des déchets radioactifs, nous examinons les préoccupations fondamentales qui alimentent l'opposition à l'énergie nucléaire. Ces points critiques incitent à une réflexion approfondie sur les moyens de garantir la sécurité et la responsabilité dans l'utilisation de cette source d'énergie.

B. La prolifération nucléaire

Un autre ensemble d'arguments contre l'énergie nucléaire se concentre sur les risques liés à la prolifération nucléaire, soulevant des préoccupations tant au niveau technologique que géopolitique.

1. <u>Risques de dissémination de la technologie</u>

L'inquiétude majeure réside dans la possibilité de dissémination incontrôlée de la technologie nucléaire. Alors que certaines nations cherchent à développer des programmes nucléaires pour des fins énergétiques légitimes, le transfert de connaissances et de compétences nucléaires peut également s'accompagner de risques indésirables. La diffusion non régulée de cette technologie peut potentiellement aboutir à des utilisations inappropriées, notamment la fabrication d'armes nucléaires, amplifiant ainsi les menaces sécuritaires mondiales.

2. <u>Menaces géopolitiques associées</u>

La prolifération nucléaire soulève également des préoccupations géopolitiques complexes. L'acquisition de capacités nucléaires par de nouveaux acteurs peut entraîner des tensions internationales et influencer les équilibres de pouvoir. Les relations diplomatiques peuvent être tendues, et les risques de conflits liés aux ambitions nucléaires exacerbent les enjeux de sécurité mondiale. La prolifération nucléaire crée ainsi un contexte où les rivalités géopolitiques peuvent s'exprimer de manière potentiellement dangereuse.

En explorant les risques de dissémination technologique et les menaces géopolitiques liées à la prolifération nucléaire, nous nous confrontons à des enjeux cruciaux qui alimentent les arguments contre cette source d'énergie. Ces inquiétudes mettent en évidence la nécessité d'un contrôle international rigoureux et d'une coopération mondiale pour atténuer les risques liés à la prolifération nucléaire.

C. Les alternatives énergétiques

Un troisième volet des arguments contre l'énergie nucléaire s'appuie sur la promotion d'alternatives énergétiques considérées comme plus durables et moins risquées.

1. <u>Énergies renouvelables comme alternatives viables</u>

Les partisans de la transition énergétique soulignent les énergies renouvelables, telles que l'éolien, le solaire et l'hydroélectricité, comme des alternatives viables à l'énergie nucléaire. Ces sources d'énergie présentent des avantages en termes de durabilité, de faibles émissions de gaz à effet de serre et de minimisation des risques associés aux déchets radioactifs. Les progrès technologiques dans le domaine des énergies renouvelables renforcent leur attractivité en tant que solutions à long terme, contribuant à diversifier le mix énergétique tout en limitant les risques potentiels.

2. Transition énergétique et décentralisation

La transition vers des sources d'énergie plus décentralisées fait également partie des alternatives envisagées. La décentralisation du système énergétique, caractérisée par une plus grande autonomie des petites unités de production, permet une réduction des risques liés à la concentration des installations nucléaires. Cette approche promeut une résilience accrue du réseau énergétique, tout en répondant aux préoccupations en matière de sécurité et de durabilité.

En mettant en avant les alternatives énergétiques, ce volet des arguments contre l'énergie nucléaire cherche à encourager des solutions plus durables et diversifiées. L'exploration de ces alternatives reflète la volonté de nombreux acteurs de s'orienter vers des sources d'énergie plus en phase avec les impératifs environnementaux et les préoccupations de sécurité.

IV. Chapitre 3 : Perspectives et Défis Futurs

A. Les évolutions possibles de l'énergie nucléaire

Le dernier volet de notre exploration se penche sur les perspectives futures de l'énergie nucléaire, avec un accent particulier sur les évolutions technologiques et les défis à relever.

1. <u>Réacteurs de quatrième génération</u>

Les chercheurs explorent activement les possibilités offertes par les réacteurs de quatrième génération, une nouvelle génération de systèmes nucléaires visant à améliorer la sûreté, l'efficacité et la gestion des déchets. Ces réacteurs innovants représentent une réponse potentielle aux préoccupations soulevées par les générations précédentes, avec des designs qui cherchent à minimiser les risques d'accidents nucléaires et à réduire la production de déchets radioactifs. L'investissement dans ces technologies émergentes souligne la volonté de rendre l'énergie nucléaire plus sûre et plus durable.

2. <u>Recherche sur les solutions de gestion des déchets</u>

La question cruciale de la gestion des déchets radioactifs suscite également des recherches intensives. Les scientifiques explorent des solutions novatrices, telles que le stockage géologique profond et les méthodes de recyclage, pour atténuer les défis liés à la persistance à long terme des déchets nucléaires. Les avancées dans ce domaine sont essentielles pour garantir une approche responsable et durable de la gestion des déchets, contribuant ainsi à renforcer la crédibilité de l'énergie nucléaire en tant que source d'énergie viable pour l'avenir.

En examinant les évolutions potentielles de l'énergie nucléaire, ce chapitre explore les efforts déployés pour surmonter les défis actuels et façonner une vision plus prometteuse de cette source d'énergie. Les réflexions sur les réacteurs de quatrième génération et la recherche sur la gestion des déchets témoignent de l'engagement continu envers l'innovation et la durabilité dans le domaine nucléaire.

B. L'importance de l'innovation et de la transparence

Un autre aspect crucial de l'avenir de l'énergie nucléaire réside dans la nécessité d'innovation constante et de transparence accrue pour répondre aux préoccupations croissantes du public.

1. **<u>Nécessité de solutions technologiques et réglementaires</u>**

L'innovation technologique et réglementaire s'avère indispensable pour faire progresser l'énergie nucléaire tout en garantissant la sécurité et la durabilité. Les efforts continus pour développer des technologies plus sûres, efficaces et économiquement viables sont essentiels. De concert avec ces avancées technologiques, des réglementations rigoureuses sont nécessaires pour encadrer l'exploitation des centrales nucléaires, minimiser les risques d'accidents, et assurer la protection de l'environnement et de la santé publique.

2. **<u>Impliquer le public dans le processus décisionnel</u>**

La transparence et l'engagement du public deviennent des aspects cruciaux pour établir la confiance dans l'avenir de l'énergie nucléaire. Impliquer activement le public dans le processus décisionnel, en fournissant des informations claires et en favorisant un dialogue ouvert, permet de prendre en compte les préoccupations légitimes et de construire un consensus social. Cette démarche participative contribue à forger une compréhension commune des enjeux liés à l'énergie nucléaire et à favoriser une acceptation sociale plus large des décisions et des orientations futures.

En soulignant l'importance de l'innovation et de la transparence, ce chapitre met en avant la nécessité de repenser les approches réglementaires et de communication pour l'énergie nucléaire. Ces efforts visent à renforcer la confiance du public et à promouvoir une évolution responsable de cette source d'énergie, intégrant les attentes sociétales dans la prise de décision.

V. Conclusion

A. Récapitulatif des arguments présentés

En conclusion de notre exploration des arguments pour et contre l'énergie nucléaire, il est important de revenir sur les principaux points abordés.

Du côté des arguments en faveur, nous avons examiné l'efficacité énergétique de l'énergie nucléaire, soulignant sa capacité à produire de l'électricité de manière constante et son faible impact sur les émissions de CO_2. La sécurité énergétique a également été mise en avant, mettant en lumière l'indépendance vis-à-vis des importations d'énergie et la stabilité de l'approvisionnement. Enfin, l'innovation technologique a été présentée comme un atout majeur, avec des avancées notables dans les réacteurs nucléaires de nouvelle génération et la recherche sur la gestion des déchets.

D'un autre côté, les arguments contre l'énergie nucléaire ont mis en avant les risques d'accidents nucléaires, en se basant sur les tragédies de Tchernobyl et Fukushima, ainsi que les défis liés à la gestion des déchets radioactifs. La prolifération nucléaire a également été soulevée comme une préoccupation majeure, mettant en évidence les risques de dissémination de la technologie et les menaces géopolitiques associées. Enfin, les partisans des alternatives énergétiques ont souligné l'importance de privilégier des sources d'énergie plus durables, notamment les énergies renouvelables, dans le cadre d'une transition énergétique et de la décentralisation du système.

B. Encouragement à la réflexion personnelle et à la recherche d'informations complémentaires

Au-delà de la présentation des arguments, cette exploration vise à encourager chaque lecteur à entreprendre une réflexion personnelle approfondie. Comprendre les enjeux complexes entourant l'énergie nucléaire nécessite une investigation continue et une recherche d'informations complémentaires. Les choix énergétiques qui façonneront notre avenir exigent une prise de conscience informée, impliquant une compréhension approfondie des avantages et des inconvénients de chaque option.

En invitant chacun à poursuivre sa quête de connaissances et à considérer les multiples perspectives présentées, cette conclusion aspire à nourrir un dialogue éclairé sur l'avenir de l'énergie nucléaire. La décision sur la place de cette source d'énergie dans notre paysage énergétique repose sur une compréhension nuancée et évolutive des questions complexes soulevées par cette technologie.